AF591094

LE MINISTERE

ET

LA COALITION,

PAR EMMANUEL BOUIN,

Auteur de la brochure intitulée : *De l'Union en France.*

Liberté, Indépendance.

A PARIS,

Au Palais-Royal, chez tous les Marchands de Nouveautés.

1818.

ERRATA.

Page 6, ligne 3, au lieu de *telle* fut, lisez : *tel* fut, etc.

Page 26, ligne 23, au lieu de lois qui *émoussent*, lisez : lois qui *annulent*.

AVANT-PROPOS.

Je vais parler des dangers de la Patrie, des fautes de ceux qui la gouvernent, des espérances des bons Français. Sujet vraiment noble et patriotique !

Avant de me livrer à l'examen des questions importantes que nous avons à traiter, il m'importe d'ouvrir mon âme au lecteur, de le faire juge de mes intentions.

Je suis Français. Ce titre m'enorgueillit ; il est plus beau, pour moi, que celui de citoyen romain. La patrie des L'Hôpital, des Crillon, des Sully, des Turenne, des Catinat, des Fénélon, des Montesquieu, etc., etc., etc, peut-elle avoir rien à envier à Rome ? Je suis Français !

J'aime mes Rois : ils furent souvent les défenseurs du Peuple, ils le sauvèrent de la féodalité. La race des Bourbons a produit Louis IX, Henri IV, Louis XVI. J'aime le Roi ; je suis Français !

Nos pères s'appelaient Francs, c'est-à-dire, hommes libres. Comme eux j'aime la liberté ; je suis Français !

Durant quatorze siècles, le nom de Français fut en honneur sur la terre. Frédéric-le-Grand s'écriait : *Le plus beau rêve que puisse faire un Roi, c'est de rêver qu'il est Roi de France*. Et cependant un de ses fils insulte cette noble France ; il s'unit à cette Angleterre (qui porte, jusques dans ses lois, des marques de notre conquête), pour opprimer un peuple malheureux. O ma patrie ! que de pleurs j'ai versées sur tes désastres ! Mais je songe que nos drapeaux flottaient, naguère, de Cadix à Moscow ; je songe que l'amour de l'indépendance, l'horreur de l'infamie, n'allument pas en vain le cœur de trente millions d'hommes. Alors, plein d'espoir, je répète encore avec orgueil : Je suis Français !

Le Roi, la liberté, l'indépendance, voilà mes opinions, mes vœux, mon but. Là viennent se concentrer toute l'activité de mon esprit, toutes les forces de mon âme.

Si donc j'ose prendre la plume une seconde fois, c'est parce que je crois devoir employer tous mes efforts pour servir la cause du Roi, de la liberté, de l'indépendance.

La pensée de l'ouvrage est toute entière dans ces mots. Il s'agit de savoir si les ministres ont marché dans la ligne.

J'ai pensé qu'un examen franc et raisonné de leur système pourrait servir utilement la cause sacrée de la patrie. Plein de cette noble espérance, je me suis imposé la tâche difficile de parler avec sang-froid de ses intérêts les plus chers. J'ai mis, pour ainsi dire, un frein à mon âme, afin de substituer la langue du raisonnement à l'éloquence des passions, aux accens de l'enthousiasme. Dans un aussi grave sujet, j'ai tâché de rendre ma discussion claire, précise, mes preuves évidentes : puissent mes efforts ne pas être sans succès !

Une dernière considération m'a déterminé à rendre public mon travail. Mes erreurs ne sauraient être funestes ; car, dit un écrivain célèbre (1), « Dans une » nation libre, il est très-souvent indif-

---

(1) Esprit des Lois, ch. 27, liv. 19.

» férent que les particuliers raisonnent
» bien ou mal ; il suffit qu'ils raisonnent :
» de là sort la liberté qui garantit des
» effets de ces mêmes raisonnemens (1). »

Mais quels termes choisir, quelles formules employer pour blâmer un ministère entouré de la confiance du souverain, et dont quelques littérateurs d'un grand mérite célèbrent, chaque jour, le système ? les termes, les formules, mon cœur saura me les dicter. Celui qui sait parler le langage de la vérité peut déplaire, mais il est sûr au moins de se faire estimer.

On m'a parlé des dangers, ou plutôt des dégoûts auxquels je m'exposais. Je

---

(1) Un littérateur distingué, M. de Marchangy (auteur de *la Gaule poétique*, et substitut du procureur du Roi au tribunal de police correctionnelle) a émis une opinion bien différente. Je ne saurais, je le confesse, préférer sa singulière doctrine à celle de Montesquieu.

ne puis croire que, sous un Roi généreux, avec des ministres *français*, dont le cœur bat, sans doute, comme le mien, au nom sacré de *France*, le zèle le plus pur, l'amour le plus vrai, le plus ardent, de la patrie, puisse courir des risques. S'il en était autrement, « je m'enorgueillis » d'être Français. » Serais-je digne de porter ce nom, si je n'osais courir quelques dangers pour sa gloire!

LE MINISTÈRE

ET

LA COALITION.

CHAPITRE PREMIER.

La Liberté peut seule affermir le Trône et préparer notre Indépendance.

Je pose donc en principe que les efforts du Gouvernement devaient tendre à faire aimer le Roi, à affermir la liberté, à préparer notre indépendance. Il me sera facile de prouver cette proposition.

Je dis cette proposition. En effet, faire aimer le Roi, affermir la liberté, préparer notre indépendance, voilà trois propositions identiques contenues l'une dans l'autre, et qu'on pourrait réduire à une seule ; à celle-ci, par exemple : *affermir la liberté*. Je le prouve.

1°. Qu'est-ce, en effet, que l'amour du Roi? C'est la reconnaissance du peuple pour les bienfaits qu'il en reçoit. Pour mériter l'amour du peuple il faut donc travailler à son bonheur. Ainsi la question se réduit à connaître ce qui peut faire son bonheur.

Le bonheur naît de la possession du bien. Or, de tous les biens, le plus précieux aux hommes, aux Français sur-tout, c'est la liberté; ils ont raison, celui-là seul est un sûr garant de tous les autres. Pour *faire le bonheur des Français*, pour *mériter leur amour*, il faut donc *assurer leur liberté* (1).

2°. L'indépendance (2) est aux nations ce que la liberté est aux individus; elle est le principe des sociétés, la condition nécessaire de leur prospérité; que dis-je? de leur existence.

Mais quelles raisons peuvent attacher un peuple à son indépendance, c'est-à-dire à son existence en corps de nation? Ce ne peut être que les avantages qui résultent, pour lui, de cette communauté. Mais ces avantages ne sau-

---

(1) Ces propositions et les suivantes seront développées dans le cours de l'ouvrage.

(2) Une nation est libre quand elle n'obéit qu'aux lois; une nation est indépendante quand elle n'est soumise qu'au droit des gens, qui est la loi des nations.

raient exister sans la liberté ; *la liberté est donc la source du patriotisme.* Ainsi, pour préparer notre indépendance, il faut d'abord affermir la liberté.

Je puis donc, réduisant la question à sa plus simple expression, dire : *Les efforts du Gouvernement doivent tendre à affermir la liberté.*

Pour tout homme vraiment digne de porter ce nom, cette proposition n'a pas besoin de preuve. Mais il y a, dit-on, des incrédules. Or, comme cette vérité, qui sert de base à nos raisonnemens, est, pour ainsi dire, la pierre fondamentale de l'ouvrage, je dois mettre son évidence dans tout son jour.

Je tâcherai donc de l'établir sur des faits incontestables. Et, comme, pour appliquer un remède utile, il faut connaître la cause de la maladie, on me pardonnera de parcourir avec rapidité les principales époques de notre histoire, afin d'indiquer avec certitude l'origine et le principe de notre révolution.

Les rois de la première race étaient plutôt des chefs de guerre que de véritables rois. L'autorité résidait toute entière dans les états-généraux (1).

---

(1) *Velly*, Histoire de France, tom. I.

Ces états-généraux étaient composés de la noblesse, qui était alors toute la nation. Cette noblesse était jalouse à l'excès de ses droits; elle n'obéissait qu'à celui qui la guidait à la victoire. Aussi, lorsque les rois osèrent blesser ses prérogatives et cessèrent de commander les armées, Brunehault (1) expia par un cruel supplice une entreprise téméraire, et Warnachaire fut élu maire du palais. « La nation, c'est-à-dire la noblesse (2), » crut qu'il était plus sûr de mettre la puissance » entre les mains d'un maire qu'elle élisait, et » à qui elle pouvait imposer des conditions, » qu'entre celles d'un roi dont le pouvoir était » héréditaire. »

Les conséquences d'un pareil changement étaient faciles à prévoir : les maires du palais, en qui résidait véritablement la puissance, ne tardèrent pas à dépouiller les rois d'un vain titre; et, *quand Pepin fut couronné roi, il ne fit que changer de nom* (3).

L'élévation de la noblesse, qui avait servi l'ambition des maires du palais, devint la cause de

---

(1) Esprit des Lois, liv. 31, ch. 3.

(2) *Idem.*

(3) *Idem*, chap. 16.

la ruine de leur maison ; car, lorsque sous les faibles successeurs de Charlemagne, les fiefs devinrent héréditaires ; lorsque la noblesse ne fut plus tenue de suivre le Roi dans toutes les guerres, les seigneurs devinrent indépendans. Et, comme Louis-le-Débonnaire avait dissipé le domaine de la couronne, la plupart d'entre eux furent plus puissans que le Roi même.

Hugues-Capet, maître du plus grand fief, possédait *Orléans* et *Paris*, les deux principaux boulevards du royaume, qu'inquiétaient alors les *Normands*. « On lui déféra une couronne qu'il était seul en état de défendre. (1) »

Mais les seigneurs qui donnèrent leur suffrage à Hugues-Capet ne le lui donnèrent pas gratuitement. Ils achevèrent de rompre les faibles liens qui les retenaient à l'autorité royale, et se rendirent de tous côtés indépendans ; et si Hugues-Capet jeta les fondemens de la grandeur de sa famille et de sa couronne elle-même, pour sa grandeur propre il fit très-peu, et n'acquit guère qu'une supériorité nominale sur les souverains dont la France était couverte (2).

Dans cet état de choses, l'autorité royale était

---

(1) Esprit des Lois, liv. 31.

(2) *Delolme*, Constitution d'Angleterre, chap. I.

nulle. Le grand objet des successeurs de *Hugues* devait donc être l'abaissement de la noblesse : telle fut en effet le but constant de leurs efforts. Deux grands moyens furent mis en usage : l'affranchissement des communes et les parlemens, institués non-seulement pour l'administration de la justice, mais encore pour juger les différends entre les Rois et leurs barons (1). C'est ainsi que la plupart des provinces de la monarchie furent réunies peu-à-peu au domaine de la couronne.

Louis XI vint enfin. Artificieux, cruel, jaloux à l'excès de son autorité, il n'oublia rien pour l'agrandir ; et à l'aide de l'armée permanente, établie sous *Charles VII*, il porta des coups mortels à l'hydre de l'anarchie féodale.

Depuis cette époque, les grands vassaux firent, de loin en loin, des efforts impuissans pour ressaisir ce qu'ils appelaient leurs droits.

Du temps de la ligue, sur-tout, ils n'oublièrent rien pour tourner à leur profit les querelles religieuses ; mais la grandeur d'âme et le courage du *Bon Henri* firent échouer leurs projets, et le génie du cardinal de *Richelieu* coupa enfin la racine du mal.

---

(1) *Delolme*, Constitution d'Angleterre, chap. I.

C'est ici que le philosophe doit sur-tout arrêter ses regards.

L'esprit guerrier de la noblesse française fut cause de la conquête des Gaules, et par conséquent de la grandeur des Rois de la première race. Ce même esprit amena leur ruine, par l'élection des maires du palais.

Les maires du palais montèrent sur le trône en augmentant les priviléges des seigneurs ; ces priviléges finirent par absorber l'autorité royale elle-même.

L'abaissement de la noblesse et l'affranchissement des communes firent la grandeur des Rois de la troisième race. En brisant les barrières qui s'opposaient encore à l'établissement du pouvoir absolu, *Richelieu* prépara le grand siècle de *Louis XIV*, mais il posa en même temps, comme nous le verrons, la première pierre de l'échafaud de l'infortuné *Louis XVI*. Comme si Dieu avait attaché à tous les établissemens humains un germe destructeur; ou plutôt, comme si l'aveuglement et l'imprévoyance des hommes dénaturaient les plus sages conseils, en dépassant les limites tracées par la nature même. Cette erreur fut celle de Richelieu ; mais ceci, pour être compris, a besoin de quelques éclaircissemens.

Quoique (comme l'observe très-bien Delolme) les Rois, en affranchissant les communes, eussent eu plutôt en vue l'agrandissement de leur autorité que la liberté des peuples, on ne peut disconvenir que l'établissement général du pouvoir du Roi ne fût un remède à ses maux.

D'ailleurs, si l'autorité des Rois de France n'a jamais été réglée par des lois écrites, elle a été tempérée par des coutumes reçues et mises en dépôt, au commencement, dans les mains des états-généraux, et puis dans celles des parlemens.

« Les Rois qui ont été sages, et qui ont connu » leurs véritables intérêts, *dit le cardinal de* » *Retz*, ont rendu leurs parlemens dépositaires » de leurs ordonnances, mais particulièrement » pour se décharger d'une partie de l'envie et » de la haîne que l'exécuteur des plus saintes, » et même des plus nécessaires, produit quel- » quefois. Ils n'ont pas cru s'abaisser en s'y liant » eux-mêmes ; semblables à Dieu, qui obéit » toujours à ce qu'il commande une fois; *les* » *ministres qui sont toujours assez aveuglés* » *par leur fortune, pour ne pas se contenter de* » *ce que les ordonnances permettent, ne s'ap-* » *pliquent qu'à les renverser*; et le cardinal de

» *Richelieu*, plus qu'aucun autre, y a tra» vaillé avec autant d'imprudence que d'appli» cation (1). »

Louis XIV acheva ce que le cardinal de *Richelieu* avait commencé, le jour où il menaça de son fouet les membres du parlement qui refuseraient d'enregistrer ses ordonnances. Le mouvement qu'il imprima à son règne entraîna les esprits; la nation, éblouie de la grandeur de son maître, s'enorgueillit presque de son esclavage, loin de songer à briser ses chaînes.

Mais lorsque, sous la régence et sous *Louis XV*, la France, pour ainsi dire, veuve de sa gloire, porta ses regards vers la forme de son Gouvernement, l'arbitraire qui régnait dans toutes ses parties révolta les esprits. La faiblesse du Gouvernement, l'incapacité des ministres, le génie du siècle tourné vers les sciences spéculatives, le génie particulier des hommes supérieurs de ce temps, tout concourut pour hâter les développemens des idées nouvelles de droits de l'homme, et d'enthousiasme pour la liberté.

---

(1) Mémoires du cardinal de Retz, tom. I.

Quel étrange spectacle ! D'un côté, un trône antique protégé par des souvenirs et le caractère du Prince qui l'occupait ; dans l'administration, les formes du despotisme ; dans la législation, les coutumes de la féodalité : de l'autre, sans corps intermédiaire, sans caste vraiment privilégiée, un peuple inquiet, remuant, plein de mépris pour les vieilles croyances et les vieilles mœurs, ivre de ses droits, imbu des maximes les plus outrées du républicanisme. Cet état de choses ne pouvait durer long-temps. Il devait nécessairement amener une lutte. La Révolution éclata.

Ainsi, l'établissement du pouvoir absolu fut la cause de la révolution ; son principe fut la haine de l'arbitraire, ou l'amour de la liberté. Sans doute des circonstances étrangères à ce noble but ont contribué aussi à former la tourmente, à rendre son explosion plus terrible ; mais ces circonstances n'ont influé si puissamment sur notre destinée, que parce que l'amour de la liberté, profondément gravé dans tous les cœurs, inspirait à l'immense majorité des Français l'impérieux désir d'un changement de constitution. Non, la révolution française ne fut pas le produit de quelques ambitions, le résultat de quelques haines : la haine, l'ambition peuvent enfanter des crimes obscurs, des rebellions éphémères; mais un intérêt général peut seul imprimer à un peuple ces grands mouvemens qui changent la face des nations, et dont le contre-coup se fait sentir aux extrémités du monde.

O vous, que l'expérience ne peut instruire! vous dont la passion égare encore le jugement, ouvrez enfin les yeux à la lumière! *L'Europe* campe autour de nous : elle a cru devoir s'armer toute entière pour éteindre les dernières étincelles de l'incendie que nous avions allumé. Et cependant le feu sacré couve dans le cœur des *Allemands*; il agite l'*Angleterre*; entretenu en secret par les généreux *Polonais*, il pénètre même au sein de l'*Empire des Czars*; il a, dans la moderne *Italie*, ranimé les cendres de quelques vieux Romains; il purifie le patriotisme des nobles *Castillans*; il embrâse *l'Amérique*; il a fait des hommes de ces *Africains* que nous regardions comme des brutes!..... A de si grandes marques, à de pareils prodiges, qui pourrait méconnaître la liberté?

Ainsi, nous regarderons comme démontré que l'amour de la liberté a été la cause véritable, essentielle, de nos troubles. Une conséquence forcée de cette proposition, c'est que le moyen sûr de les apaiser, c'est de fonder réellement cette liberté pour laquelle a déjà coulé tant de sang.

J'ai donc prouvé par des faits ma proposition, que « les efforts du Gouvernement devaient » tendre à fonder la liberté. »

Nous verrons dans le chapitre suivant ce que j'appelle *Liberté*.

CHAPITRE II.

Ce que c'est que la Liberté.

J'AI dit, au chapitre premier, que *la liberté seule était un sûr garant du bonheur des peuples:* en voici les raisons :

Dans ces malheureuses contrées où n'a pas encore retenti le doux nom de liberté, la volonté du despote est la loi suprême ; et, chose horrible à dire ! ses caprices font le destin de plusieurs millions d'hommes.

S'il est vrai qu'il existe, dans l'homme, un penchant naturel au mal, ce penchant doit être violent chez les princes absolus. La facilité d'assouvir leurs passions, la bassesse des courtisans, l'enivrement du pouvoir, tout sert à le développer. Ouvrez l'histoire ! elle est pleine de leurs fureurs. Sans doute quelques Rois généreux ont consolé, de loin en loin, l'humanité ; mais, pour un Prince éclairé, vraiment ami du peuple, combien d'autres indolens, faibles, capricieux, barbares !

Sous un Monarque absolu tout est précaire. Supposez un moment que l'esclave puisse être heureux : qu'il tremble ! Un mot du maître peut lui ravir ce fragile bonheur. Ce bonheur n'existe donc pas, puisqu'il est incertain : l'arbitraire est incompatible avec lui ; en d'autres termes, le bonheur ne peut exister sans garantie.

Le but de cette garantie est donc de mettre le bonheur des peuples à l'abri des caprices du prince, de substituer des règles à l'arbitraire. Telle est l'origine des pactes sociaux : leur exécution, voilà la liberté (1).

La liberté est donc la seule garantie du bonheur des peuples.

Mais la Charte est le pacte social des Français. La liberté, pour les Français, c'est donc l'exécution de la Charte.

La Charte contient deux parties bien distinctes : 1°. la reconnaissance de certains droits ; 2°. les moyens de les faire respecter.

Nous venons de voir que le pacte social était une garantie ; c'est donc dans l'exécution de la deuxième partie de la Charte que nous devons chercher la liberté.

---

(1) Je suis d'accord avec Montesquieu, qui définit la liberté : « Le pouvoir de faire ce que les lois permettent. » Or, le pacte social est la loi politique et doit servir de base à toute la législation.

En effet, la reconnaissance des droits de l'homme (1) n'est pas la liberté : ces droits sont imprescriptibles ; ils existaient indépendamment de la Charte ; ils sont communs à tous les hommes, puisque les hommes ont tous une même nature. Les *Perses* et les *Grecs*, les *Turcs* et les *Anglais* sont égaux sous ce point de vue.

---

(1) Dans un ouvrage de cette nature, il importe de fixer la valeur des mots que l'on emploie. Voici donc ce que j'appelle *droits de l'homme*.

Tout a un but dans la nature. Celui de l'homme est sa conservation et son bonheur ; pour y parvenir, il a formé des sociétés ; c'est dans ce sens que les philosophes ont dit que *la sociabilité était une loi de la nature.* (Grotius, Puffendorff, Cumberland, Burlamaqui, etc.)

Les lois qui régissent ces sociétés, prises dans la nature de l'homme, doivent donc avoir pour but sa conservation et son bonheur. C'est par cette raison que Montesquieu a défini les lois : « Les rapports nécessaires qui » dérivent de la nature des choses. »

Or, s'il existait quelques principes que la raison et l'expérience eussent consacrés, comme devant atteindre ce but, ces principes devraient être considérés comme une règle par les gouvernemens, comme un droit pour les peuples. Les droits des peuples sont donc ces principes dont l'exécution peut évidemment contribuer à remplir le but de la société, c'est-à-dire, le bonheur commun.

Le respect même de ces droits ne constitue pas la liberté. Les peuples, soumis au despotisme le plus déhonté, ont eu leurs Marc-Aurèle, leurs Louis XII; oseroit-on dire cependant que ces peuples fussent libres ?

Ce qui distingue un gouvernement libre d'un gouvernement despotique (nous l'avons dit et nous le répétons ; car ceci est très-important), ce sont les garanties que le peuple a de la durée de son bonheur, ou, en d'autres termes, les moyens que la constitution lui donne de faire respecter ses droits à la liberté. La question se réduit donc à savoir si nous avons les moyens de faire respecter nos droits.

Ces moyens, indiqués par la Charte, se réduisent à trois principaux : 1°. la liberté de la presse; 2°. le libre choix des députés; 3°. la responsabilité des ministres. Nous allons les parcourir successivement.

CHAPITRE III.

Liberté de la Presse.

« Comme pour jouir de la liberté, dit Montes-
» quieu, il faut que chacun puisse dire ce qu'il
» pense, et que, pour la conserver, il faut
» encore que chacun puisse dire ce qu'il pense;
» un citoyen, dans cet état, dirait et écrirait
» tout ce que les lois ne lui ont pas défendu
» expressément de dire et d'écrire. »

Cette noble pensée était aussi celle du législateur de la France. Elle est reproduite dans « cet article de la Charte : « Les Français ont le » droit de publier et de faire imprimer leurs » opinions, en se conformant aux lois qui doi- » vent *réprimer* les abus de cette liberté. »

Ainsi, la liberté de la presse est un droit reconnu par la Charte. Refuser ce droit aux français, c'est *violer la Charte.*

Cette violation est d'autant plus dangereuse, que ce droit est aussi une garantie. Ceux qui s'obstinent à nous en refuser l'exercice, ont sans doute médité cette phrase de Delolme : « Si, par

» exemple, dans un empire d'Orient, il se trou-
» voit un sanctuaire qui, rendu respectable par
» l'ancienne religion des peuples, procurât la sû-
» reté à ceux qui porteroient leurs observations
» quelconques; que de là sortissent des imprimés
» que l'apposition d'un certain sceau fît pareille-
» ment respecter, et qui, dans leurs apparitions
» journalières, examinassent et qualifiassent li-
» brement la conduite des cadis, des bachas,
» des visirs, du divan et du Sultan lui-même;
» cela y introduirait tout de suite de la liberté.»

Pour peu qu'on ait médité sur un droit aussi précieux, on sentira que la phrase de Delolme n'est pas une exagération.

Les ministres n'ont pas osé contester l'existence d'un droit sacré; mais se renfermant dans la ressource banale des circonstances, ils ont proposé successivement plusieurs lois d'exception pour annuler ce droit. Je dis annuler, car suivant la remarque de l'honorable Royer-Collard, « il n'y a pas de degré dans l'arbi-
» traire. »

Dans cette session seulement, le ministère a proposé une loi pour *compléter*, disoit-il, la législation de la presse. Cette loi a été rejetée par la chambre des Pairs; ainsi, nous sommes encore sous le régime des lois d'exception, c'est-à-dire, de l'arbitraire; et rien n'indique que le ministère songe à nous en délivrer.

En effet, 1°. cette prétendue législation complète de la presse étoit accompagnée d'un petit article, qui mettait les journaux entre les mains de la police, et il est facile de nous convaincre que la liberté de la presse est illusoire sans la liberté des journaux.

Quel est, en effet, le but de la liberté de la presse? C'est d'éclairer l'opinion par la publicité (1); or, dans notre systême actuel, le moyen le plus prompt, le plus sûr, d'obtenir cette publicité, se trouve dans l'emploi des journaux. Ainsi, *le petit article* dont nous venons de parler, met entre les mains du ministre de la police le moyen le plus prompt, le plus sûr, d'influer sur l'opinion publique. Observons d'ailleurs que le ministère réclamait pour trois ans ce que les chambres ont jugé à propos de lui accorder seulement pour un; il est donc

(1) C'est dans cette publicité même de toutes choses qu'est ce pouvoir que nous avons dit être si nécessaire pour suppléer à l'imperfection inévitable des lois, et qui contient dans de justes bornes ceux qui ont une portion quelconque de l'autorité. (*Constitution d'Angleterre*, ch. 12.)

probable que *le petit article* sera présenté de nouveau à la session prochaine.

2°. Enfin, cette législation, présentée comme complète, l'était, sans doute, pour le ministère, puisqu'elle maintenait l'arbitraire ; mais nous verrons bientôt combien elle était loin de cette liberté, objet des éloges de tous les partis et des vœux unanimes de la nation.

« La liberté de la presse (1) consiste, pour » la définir plus particulièrement, en ce que » les tribunaux, ou juges quelconques, ne » peuvent prendre connoissance, qu'après coup, » des choses qu'on imprime, et ne peuvent pro» céder, en ce cas, qu'en employant la procé» dure par jurés. » Voyons si cette définition est fondée.

Le but de la liberté de la presse, avons-nous dit, c'est la publicité. Mais, si l'autorité pouvait prendre connoissance des écrits pour arrêter ou suspendre leur publication, le but ne seroit point atteint, la garantie serait vaine. Cela est si vrai, que le ministère n'a pas cherché à en contester l'évidence ; mais, toujours fidèle à son systême, il a, dans son projet, assimilé le *dépôt* à la *publication*. La France et les deux chambres

---

(1) Constitution d'Angleterre, chap. 22.

ont fait justice d'une tentative que je me dispenserai de qualifier. La première partie de la définition de Delolme est donc juste. La liberté de la presse consiste en ce que « les tribunaux, » ou juges quelconques, ne peuvent prendre » connoissance qu'après coup, des choses qu'on » imprime. » Venons à la deuxième.

La Charte dit, article 62 : « Nul ne pourra être distrait de ses juges naturels. » Elle a sanctionné, par cette disposition, un de ces principes que nous avons appelés *droit des peuples*. Mais quels sont les juges naturels des écrivains politiques? Ce ne saurait être le gouvernement, ou des hommes de son choix; la saine raison s'y oppose: cet axiôme connu l'atteste : *nul ne peut être à-la-fois juge et partie*. Et certes, si l'on réfléchit que le gouvernement nomme les juges du Tribunal de police correctionnelle; que l'ambition de ces juges est intéressée à servir les desseins du ministère ; que les délits de la presse n'existent à-peu-près qu'à *Paris*, et que, par conséquent, le Tribunal correctionnel de cette ville serait investi d'une espèce de dictature sur la pensée, on se demande comment le ministère a pu défendre une disposition qui révolte la raison et qui est contraire à la Charte.

Mais quels sont donc les juges naturels des

écrivains politiques ? Ce sont, si je ne me trompe, des arbitres, c'est-à-dire, des citoyens intéressés à la tranquillité de l'Etat, puisque leur bonheur dépend de la stabilité des institutions; des citoyens intéressés à maintenir les droits du peuple, puisque leur bonheur dépend de la conservation de ces droits. Avantageusement placés entre la passion et l'intérêt, entre la licence et l'arbitraire, c'est à eux seuls qu'il appartient de mettre dans la balance de la justice le poids immense de l'opinion. Ainsi, la *procédure par jurés* est une des parties essentielles de la liberté de la presse.

Observez, d'ailleurs, que, dans ce genre de procédure, le juge conserve l'entier exercice de ses fonctions. Quelles sont-elles, en effet, ces nobles fonctions ? *L'application des lois.* Or évidemment, ici, le juge applique la loi. Le juré ne décide que la question de fait; question qui ne saurait être soumise qu'à celui qui juge *d'après sa consçience*, puisqu'on a reconnu l'impossibilité de définir les délits de la presse. Je n'appuierai pas davantage sur cette dernière et puissante considération, les orateurs qui l'ont présentée à la chambre des députés ont mis son évidence dans tout son jour.

Résumons ce que nous venons de dire :

1°. La liberté de la presse est une des plus importantes garanties de nos droits.

2°. Cette garantie a été jusqu'ici remplacée par des lois d'exception.

3°. Elle seroit illusoire, si les journaux demeuroient au pouvoir du ministre de la police.

4°. Le dernier projet présenté par le ministère ne comprend pas les deux dispositions principales sans lesquelles cette liberté ne saurait exister.

5°. Enfin, l'intention avouée du gouvernement est d'empêcher de tous ses efforts l'exécution entière de cette importante garantie.

CHAPITRE IV.

Du libre choix des Députés.

Quelque précieux que soit pour les peuples le droit de publier leurs écrits; quelqu'importante que soit, pour eux, la garantie qui résulte de l'examen public des actes du gouvernement; ce droit serait bientôt usurpé, cette garantie serait vaine, si les citoyens n'avaient un moyen constitutionnel de mettre, pour ainsi dire, en pratique les lumières que la presse aurait contribué à répandre.

Ce moyen constitutionnel de remédier aux abus, c'est le libre choix des députés. Ce droit est consacré par la Charte en ces termes: « La » Chambre des députés sera composée des dé- » putés élus par les colléges électoraux..... »

J'ai dit, *le libre choix des députés*: en effet, si ce choix n'était pas libre; si le ministère parvenait à substituer ses créatures à l'homme de la nation, alors les précautions stipulées par la Charte en faveur de la liberté pourraient se tourner contre elle; alors, si le ministère pouvait méconnaître les droits du peuple, il trouverait dans ses représentans l'instrument le plus propre à les anéantir.

Ainsi donc, pour savoir si nous jouissons de la garantie qui résulte de l'élection des députés, il faut d'abord savoir si ces élections sont libres.

Or, je réponds que, dans l'état actuel des choses en France, elles ne sauraient l'être; car cette liberté repose évidemment sur la liberté de la presse. « Par elle, dit Delolme (1), non-seule-
» ment le peuple connaît les dispositions de
» chacun des membres de la chambre des com-
» munes ; mais la publicité de toutes choses lui
» fait connaître, de plus, les sentimens poli-
» tiques de très-grand nombre de ceux que leur
» position rend propres à y avoir place ; et pro-
» fitant, soit des occasions de vacances, soit sur-
» tout de celles de l'élection générale, il purifie
» successivement, ou tout-à-coup, l'assemblée
» législative, et, sans changer le gouvernement,
» il en réforme le principe. »

Mais lorsque, dans un gouvernement de même nature, *cette publicité de toutes choses* n'existe pas, en supposant même que le ministère n'exerce aucune influence, le choix du peuple peut être égaré, puisque c'est au hasard qu'il choisit ses

---

(1) Constitution d'Angleterre, chap. 13.

mandataires. Que sera-ce donc, si nous supposons au ministère quelque penchant pour l'arbitraire? Dans cette supposition, erronée sans doute, il employera nécessairement l'immense avantage que lui donne le monopole de la presse, pour entourer de la faveur publique ses créatures, pour décréditer par des assertions, des injures, peut-être même des calomnies, les amis de leur pays et d'une sage liberté. Alors il est à craindre que l'influence ministérielle, armée de titres, de places, de grades, de pensions, ne l'emporte sur l'intérêt de la patrie; alors, aux garanties constitutionnelles on substitue des lois d'exception; alors, on parvient à tromper le peuple, et la constitution est en péril : ou bien, il s'aperçoit du piége et le trône est en danger.

Ainsi la liberté des élections repose sur la liberté de la presse; ainsi le même moyen qui fait connaître au peuple ses maux, le met en état d'y appliquer le remède.

Nous venons de voir que la liberté de la presse n'existait pas en France, ou, du moins, qu'il existait des lois qui émoussent ce droit reconnu par la Charte : d'où il faut conclure que la deuxième des garanties sur lesquelles repose notre système de gouvernement, n'existe pas non plus.

CHAPITRE V.

De la Responsabilité des Ministres.

MAIS, dira-t-on sans doute, si vous ne pouvez, par la liberté de la presse, éclairer la conduite des agens du Gouvernement; si par le libre choix des députés vous ne pouvez opposer à l'établissement du despotisme ministériel un obstacle invincible, il existe dans la Charte une troisième garantie bien faite pour vous rassurer. L'art. 55 porte : « La chambre des députés a le » droit d'accuser les ministres, et de les tra- » duire devant la chambre des pairs, qui seule » a celui de les juger. » Certes, un droit aussi terrible, attribué aux représentans d'un grand peuple, doit inspirer une terreur salutaire au ministre imprudent ou prévaricateur.

On oublie, en faisant ce raisonnement, que la liberté de la presse peut seule éclairer les chambres et la nation sur la conduite des ministres, et qu'il est possible, d'après ce que nous venons de voir, que, par l'influence exercée sur l'opinion publique, la chambre, au lieu d'être nationale, soit *ministérielle*.

On oublie que la liberté de la presse et le libre choix des députés, quoique garantis par des articles de la Charte, n'existent pas de fait, et qu'il pourroit bien en être de même de la responsabilité des ministres; et c'est ce qui a lieu.

En vain, depuis la restauration, quelques membres généreux de la chambre des députés ont demandé une loi qui fût en harmonie avec cette disposition fondamentale de la Charte; on a constamment éludé la question; et cette loi, si importante, est encore à faire.

Mais c'était peu d'ajourner indéfiniment l'exécution du pacte social, des ministres ont émis une doctrine subversive de ce principe conservateur. L'un d'eux, sur-tout, a avoué ingénuement à la chambre des députés, qu'il pensait que cette responsabilité n'était que *morale*!... Ainsi, c'est pour consacrer un scrupule de conscience, que *Louis XVIII* a écrit dans notre code politique une disposition formelle; ainsi *Montesquieu* déraisonne, quand il dit: « Dans un état libre, » la puissance législative ne doit pas avoir le » droit d'arrêter la puissance exécutrice; mais » elle a droit et doit avoir la faculté d'examiner » de quelle manière les lois qu'elle a faites ont » été exécutées... Comme celui qui exécute, ne » peut exécuter mal sans avoir des *conseillers* » *méchants*, et *qui haïssent les lois comme* » *ministres*, quoiqu'elles les favorisent comme

» hommes, ceux ci peuvent être recherchés et
» *punis* (1). »

Eh quoi! Le malheureux pressé par la faim, sera puni pour avoir dérobé quelques miettes de la table du riche; et le ministre prévaricateur jouirait en paix du fruit de ses rapines? Le soldat qui abandonne son poste est puni de mort; et l'homme chargé de veiller au salut de la nation, s'il trahit sa patrie, sera puni seulement de la *perte de l'estime publique*?... Voilà donc le prix de tant de sang répandu, de vingt-cinq ans de révolution! Nous aurions consacré l'impunité des plus grands crimes!

Un pareil résultat est en opposition manifeste avec l'esprit de nos institutions, avec le texte de la Charte. Mais enfin, jusqu'à ce qu'une loi précise mette la chambre des députés en possession de l'exercice de ce droit terrible, mais salutaire, la responsabilité des ministres sera regardée comme une de ces vaines formules insérées dans la théorie, pour servir de hochet à la multitude, mais qui ne se réaliseront jamais dans la pratique.

Ainsi, la troisième et dernière garantie dont nous avons parlé, n'existe pas dans la pratique.

---

(1) Esprit des Lois, liv. 11, chap. 6.

CHAPITRE VI.

Funestes conséquences de l'inexécution de la Charte.

Je crois avoir prouvé que *l'amour de la liberté* avait été le véritable *principe de la révolution*, et j'en ai tiré cette conséquence, que *pour terminer la révolution, il fallait travailler à fonder la liberté.*

J'ai défini *la liberté* l'exécution de la *Charte* : il m'a semblé que cette exécution devait s'entendre, sur-tout, de la *jouissance des garanties* assurées aux Français par le pacte social.

J'ai réduit ces garanties à trois principales : *Liberté de la presse*, *Libre choix des députés*, *Responsabilité des ministres* ; et, comme la jouissance de ces trois garanties est indéfiniment suspendue, je suis fondé à conclure que *la Charte n'est pas exécutée ; que la liberté n'existe pas en France* (1) ; et par conséquent que *les*

(1) On doit ici se rappeler que j'entends par liberté, la jouissance des garanties. Nous nous plaisons à croire que le ministère n'abuse pas de l'avantage que lui donne leur sus-

causes qui ont amené la révolution subsistent encore.

Les mêmes causes doivent amener les mêmes résultats, et il suffit de jeter un coup-d'œil sur notre malheureuse patrie, pour se convaincre de la vérité de mes paroles.

Aujourd'hui, comme en 89, la haine des priviléges est populaire, le mépris de la religion est à son comble ; aujourd'hui, comme en 89, le culte des écrivains philosophes du dix-huitième siècle est devenu une sorte de fanatisme ; aujourd'hui, comme alors, ce mot magique de Liberté est dans toutes les bouches, retentit au fond de tous les cœurs ; comme alors, une inquiétude générale agite des esprits qu'aigrit encore le malheur : de là ces convulsions sourdes et partielles, symptômes précurseurs d'une commotion générale.

En vain, du haut de la tribune nationale, le ministère s'efforce de dissiper nos craintes ; en vain il cherche à nous montrer la France calme, paisible, résignée à subir son joug comme celui

---

pension. C'est un motif de plus de l'engager à se dessaisir d'une autorité arbitraire, inutile s'ils n'en usent pas, dangereuse par cela seul qu'elle existe.

de l'étranger. Le mal est trop près de nous : leurs paroles sont vaines ; leurs discours servent tout au plus à prouver leur aveuglement.

« Le dernier point de l'illusion (1) en matière » d'état, dit le cardinal de Retz, est une espèce » de léthargie qui n'arrive jamais qu'après de » grands symptômes. Le renversement des an- » ciennes lois, l'anéantissement de ce milieu » qu'elles ont posé entre les Rois et les Peuples, » l'établissement de l'autorité purement et ab- » solument despotique, sont ceux qui ont jeté » originairement la France dans ces convulsions » dans lesquelles nos pères l'ont vue. Le cardi- » nal de Richelieu la traita comme un empy- » rique, avec des remèdes violens qui lui firent » paraître de la force, mais une force d'agitation » qui en épuisa le corps et les parties. Le cardi- » nal de Mazarin, comme un médecin inexpé- » rimenté, ne connut point son abattement : il » ne la soutint point par les secrets chimiques » de son prédécesseur ; il continua de l'affaiblir » par des saignées : elle tomba en léthargie, et » il fut assez malhabile pour prendre ce faux » repos pour une véritable santé. Les provinces

(1) Mémoires du cardinal de Retz, liv. 2, tom. I.

» abandonnées à la rapine des surintendans ;
» demeuraient abattues et assoupies sous la pe-
» santeur de leurs maux, que les secousses
» qu'elles s'étaient données de temps en temps
» sous le cardinal de Richelieu, n'avaient fait
» qu'augmenter et aigrir. Les parlemens, qui
» avaient tout nouvellement gémi sous la ty-
» rannie, étaient comme insensibles aux misères
» présentes, par la mémoire encore trop vive et
» trop récente des passées. Les grands, qui, pour
» la plupart, avaient été chassés du royaume,
» s'endormaient paresseusement dans leur lit,
» qu'ils avaient été ravis de retrouver. Si cette
» indolence générale eût été ménagée, l'assou-
» pissement eût peut-être duré plus long-temps ;
» mais comme le médecin ne le prenait que pour
» un doux sommeil, il n'y fit aucun remède.
» Le mal s'aigrit, la tête s'éveilla, Paris se sentit :
» il poussa des soupirs et l'on n'en fit point de
» cas ; il tomba en frénésie..... »

Qui ne croirait que ces lignes prophétiques ont été tracées depuis peu de jours, tant les traits du tableau sont en rapport avec la situation actuelle de la France ! tant son ensemble est effrayant de vérité ! Mais si un lecteur n'était pas frappé de sa ressemblance, s'il demeurait dans le doute, je l'engage à méditer cette phrase de Montesquieu (1) :

« Si les terreurs imprimées naissaient à l'oc-
» casion des lois fondamentales (comme nous
» l'avons prouvé), elles seraient sourdes, funes-
» tes, atroces, et produiraient des catastrophes.

« Bientôt on verrait un calme affreux pendant
» lequel tout se réunirait contre la puissance
» violatrice des lois. »

C'est ce *calme affreux* que le ministère a pris pour un état paisible ; déjà se forme cette ligue formidable dont parle Montesquieu : il n'est plus temps de le dissimuler, car bientôt le mal serait sans remède.

Je remplis donc le devoir d'un sujet fidèle et dévoué, en avertissant le chef de l'Etat du danger qui menace le trône; je remplis le devoir d'un loyal citoyen, en réclamant pour ma patrie les garanties de sa liberté ; et bientôt je remplirai le devoir d'un français, en élevant ma foible voix pour son indépendance.

Fort de la pureté de mes intentions, j'oserai dire sans crainte aux ministres : votre système est funeste au Roi généreux qui vous confia ses

---

(1) Esprit des Lois, chap. 27, liv. 19.

intérêts ; il aigrit le désespoir d'une nation qu'il étoit facile de s'attacher ; il prépare aux Bourbons le sort funeste des Stuart. Oui, si l'Europe en armes n'épouvantait la malveillance, si les vertus du Roi n'imposaient aux cœurs les plus ulcérés, déjà le char des révolutions parcourrait une carrière nouvelle, déjà la France aurait changé de maître.

Mais, répondrez-vous sans doute, c'est pour éviter d'aussi grands malheurs, c'est pour prévenir des catastrophes, que nous suspendons l'exercice de vos libertés.

Etrange raisonnement ! L'établissement du pouvoir absolu fut la cause de nos troubles, et c'est en conservant un pouvoir absolu que vous croyez les terminer ? L'arbitraire entretient, dans la nation, l'esprit de défiance, d'irritation, de haîne, de révolte ; et c'est par l'arbitraire que vous croyez éteindre de funestes préventions ?.... Le ministère a annoncé, par l'organe de M. le comte Decaze, que son système était immuable : le ministère est donc bien aveugle ; car on ne peut croire qu'il ait formé de sang-froid le projet de perdre la famille de ses maîtres, et d'entraîner peut-être avec elle la France dans l'abîme.

Mais c'est peu que le système du ministère

soit en contradiction avec la nature des choses ; je vais prouver qu'il fait une fausse application des principes qu'il invoque en sa faveur, et que, dans aucun cas, les circonstances ne sauraient autoriser la suspension des garanties constitutionnelles.

CHAPITRE VII.

On ne peut, dans aucun cas, suspendre l'exercice des Garanties constitutionnelles.

Le droit humain, c'est-à-dire ces règles sans lesquelles les sociétés ne sauraient subsister, repose sur cette maxime sacrée, que : « Chacun doit tenir religieusement ce qu'il a promis (1). »

Je n'examinerai pas si la Charte est une convention, ou une concession ; il me suffit qu'elle soit reconnue comme loi de l'Etat. A ce titre, le prince doit s'y soumettre comme le peuple. Les ministres sont tenus de s'y conformer, sous peine de violer les lois de la nature, de saper les fondemens de l'édifice social, et, par conséquent, de l'autorité royale elle-même (2).

---

(1) *Barbeyrac*, Notes sur *Grotius*, discours préliminaire.

(2) Car, s'il est vrai (ce que l'on a vu dans tous les temps) qu'à mesure que le pouvoir du monarque devient immense, sa sûreté diminue ; corrompre ce pouvoir jusqu'à le faire changer de nature, n'est-ce pas un crime de lèze-majesté contre lui ? (*Esprit des Lois*, liv. 8, ch. 7.)

Mais ici se présente une série de propositions de la plus haute importance ; et, d'abord, *peut-on, dans quelques circonstances, suspendre l'exécution du pacte social en tout, ou en partie?* Nous trouverons, si je ne me trompe, la solution de cette question dans la nature même des choses.

Le but du pacte social, avons-nous dit, c'est la liberté. Si donc des circonstances extraordinaires rendaient la jouissance des droits qu'il garantit funestes à la liberté, il serait raisonnable d'en suspendre momentanément l'exercice.

Ce n'est donc que *dans l'intérêt de la liberté* que l'on peut suspendre l'exécution du pacte social.

Mais, comme cette exécution est la liberté même, la suspension ne saurait être entière. On peut bien, en effet, renoncer à la partie, pour conserver le tout ; mais sacrifier le tout au tout présente une absurdité.

Quelle est donc la partie du pacte social dont on peut, sans danger, suspendre l'exercice? C'est évidemment celle dont une privation momentanée ne saurait compromettre l'existence, celle-là même qui ne constitue pas essentiellement la liberté.

Or, la première partie de la Charte, la reconnaissance des droits, porte ces deux caractères. Ces droits sont imprescriptibles; leur abandon pour un temps limité ne saurait les anéantir; leur jouissance ne constitue pas essentiellement la liberté. On peut donc, *dans l'intérêt de la liberté*, renoncer momentanément à leur exercice.

Il n'en est pas de même de la seconde partie de la Charte, de celle qui renferme les garanties de nos droits. La suspendre, ce serait suspendre la liberté même; et au lieu que, dans le premier cas, l'abandon momentané de l'exercice de quelques droits ne pourrait devenir funeste, puisque les garanties constitutionnelles demeurent au peuple et lui donnent le moyen de ressaisir la liberté toute entière; dans celui-ci, au contraire, la liberté peut être étouffée, l'arbitraire peut devenir permanent, le peuple est livré sans défense à la merci de ses maîtres.

Je me résume en ces termes : 1°. *On peut, dans l'intérêt de la liberté, suspendre l'exécution d'une partie du pacte social.* 2°. *Cette suspension doit avoir pour objet ceux des droits dont l'exercice peut devenir funeste, jamais leurs garanties* (1).

---

(1) Cette doctrine est celle de Montesquieu (Esprit des

Ces principes furent constamment suivis par toutes les nations libres. A Rome, le dictateur, revêtu d'une puissance sans bornes, contractait l'engagement tacite, mais réel, de l'employer pour le salut de la patrie. Une terrible responsabilité pesait sur sa tête; et le jour où, devant l'assemblée du peuple, il venait déposer l'autorité et rendre compte de sa conduite, tout citoyen avait droit de l'accuser. Et, comme l'a dit si éloquemment Mirabeau : « La roche Tar» péienne était près du Capitole. »

Mais pourquoi chercher des exemples dans

Lois, liv. 11, chap. 6) : « Si la puissance législative, dit ce » grand écrivain, se croyait en danger par quelque conju» ration secrette contre l'Etat, ou quelque intelligence avec » les ennemis du dehors, elle pourrait, pour un temps » court et limité, permettre à la puissance exécutrice de » faire arrêter les citoyens suspects, qui ne perdraient leur » liberté pour un temps que pour la conserver pour tou» jours. »

Montesquieu, comme on voit, ne parle que de la suspension de la liberté individuelle ; c'est, en effet, le seul droit dont la suspension puisse être utile ; et puisque les citoyens font le sacrifice de ce droit *pour conserver toujours la liberté*, il suppose évidemment qu'ils ont gardé l'exercice des garanties constitutionnelles qui seules peuvent leur donner les moyens de recouvrer un droit aussi précieux.

l'antiquité la plus reculée ? Un peuple voisin nous en fournit de plus récens et de plus remarquables. On pourra d'autant moins révoquer en doute leur autorité, que j'ai entendu les défenseurs du ministère les citer à la tribune comme argumens en sa faveur. En Angleterre, on a suspendu naguère l'*habeas corpus* ; à l'époque fixée, le peuple est rentré dans ses droits. Aujourd'hui les ministres sollicitent un *bill d'indemnités* ; ils rendent, par-là même, hommage aux principes ; ils se reconnaissent responsables d'une autorité arbitraire. Mais cette garantie n'était pas la seule qui protégeât la liberté (1) ; la presse était là, pour éclairer les abus, et donner des bornes à un pouvoir, en apparence, sans bornes.

---

(1) Mais, disent les défenseurs du ministère : « L'Angleterre a lutté plusieurs siècles, pour obtenir le degré » de liberté dont elle jouit aujourd'hui. Ainsi donc, prenez » patience, dans quelques centaines d'années vous jouirez » de vos droits comme elle. »

On oublie, en faisant ce singulier raisonnement, qu'à l'époque où la première d'entre les nations modernes, l'*Angleterre*, réclama des garanties constitutionnelles, l'*Europe* était plongée dans la barbarie, et la science du gouvernement dans le chaos.

On veut que nous renoncions à mettre à profit les lumières du siècle et l'expérience des temps passés ! C'est comme si

Le ministère a jugé à propos de ne tenir aucun compte, ni des principes, ni des exemples que nous venons de citer. Il a adopté un système diamétralement opposé. Ce n'est pas l'exercice des droits dont il réclame la suspension, mais la garantie dont il demande le sacrifice. Il est vrai qu'au commencement il avait obtenu l'un et l'autre; mais comme il a fallu opter, il a renoncé aux *cours prévôtales* et à la *loi sur la liberté individuelle*, pour conserver le *monopole de la presse*, *l'influence sur les élections*, et la *responsabilité morale.*

Oserai-je indiquer les motifs de cette préférence? Le ministère, qui nous a annoncé que son système était immuable, est sans doute con-

---

l'on disait à un savant : « Gardez de vous servir des » belles découvertes des *Newton*, des *Pascal*, des *Lavoisier*, afin de vous mettre au niveau de la science, et d'a- » grandir, s'il est possible, son domaine. Commencez » comme ces grands hommes; enfoncez-vous plutôt » dans les ténèbres de l'antiquité, au risque de vous y » perdre et de n'arriver jamais à la connaissance de la vé- » rité!.... »

J'ai honte de répondre à d'aussi misérables objections. Songe-t-on d'ailleurs aux torrens de sang que la liberté a fait couler en *Angleterre*? Songe-t-on que son établissement a coûté le trône aux *Stuart*?

vaincu que ce système doit faire le salut de la France. Mais si la presse était libre, on pourrait le critiquer ; si les élections étaient libres, la chambre des députés pourrait s'opposer à son exécution ; si la responsabilité légale existait, elle pourrait...... et l'existence du ministère actuel est nécessaire au salut de la France. Que sais-je, enfin ? J'ai pensé que nos ministres s'étaient décidés à nous priver des garanties constitutionnelles, dans un accès de patriotisme.

Nous ne saurions approuver ce qui n'est, sans doute, qu'un excès de zèle. Quelque pénétrés que nous soyons, de l'excellence de nos ministres, nous ne pouvons oublier qu'ils sont hommes, et, comme tels, sujets aux séductions du pouvoir. C'est dans leur intérêt même que nous les conjurons d'y mettre ces bornes que la Charte elle-même a placées. Qu'ils songent, d'ailleurs, à l'inconstance de la fortune. Demain, peut-être, ils ne seront que citoyens. Alors ils s'applaudiront d'avoir proclamé ce principe, sans lequel il ne peut exister de véritable liberté : « *Que les* » *circonstances ne sauraient autoriser la sus-* » *pension des garanties constitutionnelles.* »

CHAPITRE VIII.

La situation de la France, à l'intérieur, commande impérieusement l'exécution de la Charte.

Après avoir prouvé que les circonstances ne pourraient autoriser les ministres à suspendre pour un temps illimité les garanties constitutionnelles, nous allons montrer que cette grande raison du salut public, invoquée tour-à-tour par *la Convention* et *le Directoire*, par *Buonaparte* et les ministres du Roi, pourroit être regardée (si les intentions des ministres ne nous étaient connues) comme un piége tendu à la crédulité publique, et que *la situation de la France commande impérieusement l'exécution du pacte social.*

Deux cas seulement, avons-nous dit avec Montesquieu, peuvent autoriser la suspension momentanée de l'exercice de quelqu'un des droits constitutionnels : 1°. un complot intérieur dans le but de renverser le gouvernement, et par conséquent de violer le pacte social; 2°. une guerre étrangère qui menacerait l'indépendance.

N'oublions pas d'ailleurs que le temps de la suspension doit être *court* et *limité*, et qu'ainsi le danger qui en est la cause, doit être prochain. Il est facile de nous convaincre que la France ne se trouve *actuellement*, ni dans l'une, ni dans l'autre de ces deux situations.

Prétendrait-on, en effet, qu'une conjuration, dans l'intérieur, menace l'existence du gouvernement? Pour ne pas m'embarrasser dans ces discussions oiseuses que l'esprit de parti explique à son gré, je conviendrai, si l'on veut, que cette conspiration existe : mais je dirai, à mon tour, qu'elle doit être bien puissante, bien dangereuse, pour autoriser à suspendre des droits constitutionnels. Si c'était pour punir les rêves sanglans des Carbonneau, des Pleignier, des Didier; si c'était pour prévenir les tentatives insensées de leurs pareils, d'obscurs scélérats, sans nom, sans crédit, sans pouvoir, nous devrions nous étonner de voir le ministère employer d'aussi grands moyens, contre des périls imaginaires. Grâces à Dieu, nous ne sommes plus au temps où il suffisait, pour devenir Roi, de commander à quelques brigands et d'avoir l'audace d'un assassin.

Une armée, la garde nationale, l'Europe en armes, suffisent bien, sans doute, pour rassurer le ministère ; et si, malgré d'aussi puissans moyens de défense, il persiste à se croire en danger, alors il doit avouer que ce n'est pas un complot obscur, une rébellion éphémère, qui menace le trône ; mais une conspiration permanente et générale. Si elle existe en effet, cette conspiration, nous devons en chercher la cause dans la nature des choses.

Lorsqu'un peuple, froissé durant vingt-cinq années, par des convulsions, des désastres et des triomphes sans exemple, se trouve précipité, tout-à-coup, par des circonstances extraordinaires, sous le joug des nations qu'il avait si souvent vaincues, il garde, au sein de l'infortune, le sentiment de sa grandeur ; ses malheurs même lui révèlent sa force. Il avait menacé le monde ; il a fallu que le monde se réunît pour l'opprimer. Aujourd'hui, tranquille et fier, pour se consoler de sa gloire, il soupire après la liberté. Hâtez-vous de combler ses vœux : un refus serait une injure, et les Français peuvent tout supporter, hors le mépris.

O vous que la confiance d'un Roi sage a choisis, durant ces jours de deuil, pour veiller aux destinées d'un peuple généreux, seriez-vous seuls insensibles au spectacle imposant qu'il offre à l'univers ? En vain des revers inouis l'ont puni du noble et juste orgueil d'aspirer à la liberté ; il se croirait assez payé de tant d'efforts, de tant de sacrifices, de tant de sang répandu, si cette douce liberté devenait enfin son partage. « Tout » est perdu hors l'honneur, » écrivait jadis un de nos Rois. Tel est aussi le cri des Français d'aujourd'hui ; l'honneur pour eux, c'est la liberté.

En vain les rois de l'Europe croiraient les épouvanter par l'appareil de leurs armées ; en vain ils assiégent leurs frontières, occupent leurs places fortes ; l'appareil des armées étrangères rappelle aux Français les plus beaux triomphes ; chaque uniforme est pour eux le signe d'une victoire. « S'ils firent tant pour la gloire, quels » seraient leurs exploits s'ils combattaient pour » l'indépendance et la liberté ? »

En vain des demandes exagérées trahissent de plus intolérables prétentions ; en vain la crainte et la jalousie exhalent par la bouche d'un lord furieux des menaces impies, insensées : sûrs que toute la puissance des potentats ne saurait effacer de la liste des nations trente millions d'hommes dignes de la liberté, les projets de quelques diplomates, les infamies des *Stanhope* n'obtiennent que leur mépris ; et, sans s'avouer vaincus, ils songent que Rome ne désespéra pas de son salut après les désastres de Cannes, et que lorsque Annibal campait sous les murs de la ville immortelle, le sénat mit à l'encan les lieux que son armée occupait encore.

Un tel peuple vaut bien la peine qu'on écoute enfin sa voix trop long-temps étouffée, et *sa noble attitude dans le malheur* (1) méritait autre chose que la suppression des garanties constitutionnelles. Prenez garde qu'il n'obtienne enfin par la force ce que vous vous obstinez à lui refuser si imprudemment! Reconnaître ses droits et lui en dénier les garanties, c'est lui montrer de la défiance, et la défiance blesse, surtout dans l'infortune. Votre défiance d'ailleurs provoque la sienne. Ne vous étonnez donc pas de voir les citoyens regarder cet état de choses comme transitoire; pourraient-ils croire à la fixité, lorsqu'ils n'en ont aucune garantie?

Hâtez-vous de mettre un terme à une situation qui pourrait devenir funeste, et qui n'est bien réellement que votre ouvrage! Voulez-vous couper la racine du mal: faites cesser enfin l'arbitraire; rendez au peuple la liberté; c'est le seul moyen de mettre le trône à l'abri des tem-

---

(1) Paroles du ministre de l'intérieur.

pêtes. Quellea été, en effet, la cause de toutes les *révolutions populaires* qui ont ensanglanté le monde? L'histoire du monde vous répondra que le peuple n'employa la force que lorsqu'il ne lui resta pas d'autres moyens de se faire justice. Voulez-vous donc fermer l'abîme des révolutions? mettez le peuple en possession des garanties constitutionnelles.

Ainsi, de deux choses l'une : ou le complot est partiel, et par conséquent sans danger ; ou il est général, et compromet l'existence du trône. Dans le premier cas, il serait dérisoire d'exiger le sacrifice de nos droits ; dans le second, il faut se hâter de nous les rendre, puisque la source du mal est leur suspension même. Nous sommes donc fondés à conclure que *la situation intérieure de la France ne saurait autoriser la suspension du pacte social.*

Une dernière considération nous détermine. Si d'odieuses trames menaçaient le trône et la France de nouveaux malheurs, quel est le Français qui blâmerait le ministère d'employer, pour les déjouer, des moyens extraordinaires?

Catilina voulait exciter la guerre civile, égorger les sénateurs, asservir la ville immortelle, donner des fers au monde. Mais un grand homme veillait au salut de Rome et de l'univers. Il osa, dans l'intérêt de la liberté, se mettre un moment au-dessus des lois ; pour prix de sa noble audace, il fut appelé *père de la patrie.* En vain de jaloux rivaux calomnièrent ses intentions ; l'exil ne fit que rehausser sa gloire.

O vous, qui avez accepté la tâche glorieuse, mais pénible, de veiller au salut de la nation durant ces jours d'orage, montrez-vous dignes de vos destinées ! mettez (puisqu'il le faut absolument), mettez le peuple en possession de ses droits ; et si, abusant de votre générosité, Catilina levait un bras parricide, imitez l'héroïsme de Cicéron ! La France, aussi reconnaissante que Rome, vous décernera les mêmes honneurs ; et, plus heureux que le héros du Capitole, vous n'aurez point à redouter son ingratitude.

Fin de la première Partie.

J'aborde enfin la question la plus douloureuse pour l'âme d'un Français, celle de nos rapports avec les puissances étrangères. On ose les présenter comme un obstacle à notre liberté; comme si ce n'était pas assez pour leur haîne de nous ravir l'indépendance! Si, par exemple, la presse était libre, dit-on, l'audace de nos écrivains pourrait rallumer la guerre et provoquer leur vengeance.

Pour répondre à d'aussi étranges assertions, je demanderai à mon tour : « Quelle est donc » l'intention des Hauts-Alliés? »

Veulent-ils maintenir la tranquillité de l'Europe, et par conséquent de la France? alors ils doivent applaudir aux mesures qui doivent amener ce résultat. Or, comme l'exécution de la Charte en est la première condition, loin de s'y opposer, ils devraient la solliciter.

Veulent-ils, au contraire, perdre la France et son Roi? Dans ce cas, il ne s'agit plus de deviner ce qui pourrait leur plaire (j'ai honte de tracer ce mot anti-français), mais de chercher les moyens de sauver le trône et la France.

Tel est l'objet de la seconde partie de cet ouvrage.

SECONDE PARTIE.

CHAPITRE PREMIER.

Précis des Evénemens qui ont amené l'occupation de la France par les Armées étrangères.

COMME, dans la première partie, nous avons cherché dans l'histoire les causes véritables de la révolution, afin d'indiquer avec certitude le moyen de terminer nos troubles, nous allons, dans celle-ci, rechercher, dans les événemens passés, les causes de l'étrange situation de la France à l'égard de l'Europe, afin d'apprécier sûrement et nos dangers et nos ressources.

PREMIÈRE COALITION.

Après la guerre de 1783, et les traités de *Versailles* et de *Paris* qui la terminèrent, l'équilibre politique de l'*Europe* semblait établi sur les bases les plus solides et les plus justes.

Dans le continent, l'alliance de deux monarques dignes d'un meilleur sort, *Louis XVI* et *Joseph II*, avait rétabli la balance que l'accroissement successif des forces de la Russie aurait pu détruire; et l'émancipation des Etats-Unis d'*Amérique*, les victoires des *Suffren* et des d'*Estaing*, la neutralité armée du *Nord*, avaient rétabli la liberté des mers, et rendu au commerce cette confiance sans laquelle, dans l'état actuel de la civilisation, il ne saurait exister de véritable prospérité pour les peuples.

L'Angleterre ne put voir avec indifférence le triomphe de la justice. Déjà cette puissance s'était mise hors du droit commun des nations; elle osait déjà aspirer au sceptre des mers, au monopole exclusif du commerce du monde. Mais, trop faible alors pour lutter contre le monde, qui avait les yeux ouverts sur ses prétentions, elle dissimula son ressentiment, et prépara, dans le secret du cabinet, les moyens d'assouvir sa vengeance.

La Hollande éprouva, la première, les effets de sa funeste influence. Ce pays était divisé en deux factions. L'une voulait l'alliance de la France; assurée, par ce moyen, de la tranquillité de la république en Europe, elle pensait avec raison qu'elle devait tous ses soins à sa marine et à ses colonies; l'autre avait à sa tête la maison de Nassau, et réclamait la protection de l'Angleterre, qui, pour prix de son amitié, exigeait qu'on négligeât les forces de mer, c'est-à-dire le commerce, source féconde de la puissance de ces provinces, pour augmenter les forces de terre, qui ne pouvaient leur attirer qu'une considération secondaire et incertaine. Ce système prévalut, avec le secours de la Prusse, qui, n'ayant rien à démêler avec l'Angleterre, puisqu'elle n'a ni commerce, ni colonies, était demeurée fidèle à son alliance. Nous verrons bientôt cette puissance devenir l'instrument de la haîne et des projets du cabinet de St.-James.

L'objet de cette haîne, sur-tout, c'était la France; la France qui, en chassant les Anglais du continent, avait diminué leur influence en Europe, dont elle était l'arbitre depuis le traité de Westphalie; la France qui, sous Louis XIV, avait conquis par ses victoires l'empire de l'Océan; qui, dans la dernière guerre, venait de préluder par des combats glorieux à de plus grands triomphes; et qui, en paix avec le monde, pouvait, en augmentant ses forces de mer, reprendre enfin sur le royaume-uni de la Grande-Bretagne et de l'Irlande, l'ascendant que lui donnera tôt ou tard sa population, les richesses de son territoire et l'énergie de ses peuples.

Tous les moyens parurent bons au cabinet anglais pour éloigner de pareils résultats, et bientôt la fortune le servit au-delà de ses espérances.

Les ressorts de la vieille monarchie française étaient relâchés. Un changement était devenu nécessaire pour mettre son Gouvernement en harmonie avec les lumières du siècle et l'opinion des peuples. Pour rallumer la flamme du patriotisme, prête à s'éteindre, il fallait substituer l'enthousiasme de la véritable liberté, aux nobles élans de l'honneur chevaleresque. Tout faisait présager de grands événemens ; tout faisait espérer que l'antique amour des Français pour leur Roi, et la grandeur d'âme de Louis XVI, réaliseraient, sans effusion de sang, les plus nobles espérances. Le cabinet de St.-James en avait décidé autrement. Il profita de la disposition des esprits pour les aigrir ; il répandit l'or pour fomenter les troubles ; il protégea les factieux ; il aida ce dégoûtant *Egalité*, qui, appuyé sur Marat et Robespierre, osait espérer s'asseoir un jour sur un trône cimenté du sang de ses proches !..... L'histoire inscrira en traits de sang, dans ses annales, le récit de ces perfidies. Elle dira qu'un ambassadeur de Georges III vit traîner, sans faire entendre une plainte, sans élever une réclamation, la famille royale dans les cachots du Temple ; et je ne sais si la postérité voudra croire que le ministre d'un Roi puissant vit, de sang-froid, tomber sur l'échafaud révolutionnaire la tête d'un Roi son allié ! que Georges n'exprima son horreur pour un tel attentat, que lorsque le sang de Louis XVI eut coulé ! et cependant, ce même monarque avait déjà signé le traité qui, en dépouillant la France de plusieurs de ses provinces, devait la soumettre à jamais à la suprématie de l'Allemagne et au vasselage de l'Angleterre ! Ma plume se refuse à tirer des conséquences de ces faits incontestables. Qui pourrait croire, en effet, à de telles horreurs ? Armer le bras des parricides, et provoquer en même temps, sur une nation innocente, la vengeance du monde !...

Cependant, la première coalition se formait.

Par le traité de Pavie, du 6 juillet 1792, et les conventions de Vienne et de Pilnitz, l'Autriche devait avoir la Bavière ; la Prusse, un accroissement de territoire en Allemagne ; l'électeur de Bavière, les Pays-Bas autrichiens, avec le titre de Roi d'Austrasie ; le prince Charles, la Lorraine ; l'Empire devait recouvrer l'Alsace ; on faisait espérer le Dauphiné à la Sardaigne ; on promettait à l'Espagne le Roussillon, la

Corse, etc.; et l'électeur de Saxe, enfin, devait avoir le royaume de Pologne. Ces divers traités furent communiqués à l'Angleterre et aux Provinces-Unies. Les alliés pensèrent que cent mille hommes suffiraient pour en assurer l'exécution.

Ainsi, les membres de la première coalition s'armèrent, non pour rétablir l'autorité royale en France, mais pour agrandir leur puissance aux dépens d'un peuple malheureux. Deux souverains seulement montrèrent un zèle désintéressé; l'un est le père de ce Gustave-Adolphe, qui, pour l'honneur de la légitimité, est aujourd'hui bourgeois de Bâle; l'autre est l'empereur de Maroc (1).

Cependant les Hauts-Alliés rencontrèrent, dans l'exécution de leurs projets, plus d'obstacles qu'ils n'avaient pensé. Cet ardent amour de la liberté, qui avait jadis valu à Rome l'empire du monde, rendit les Français invincibles. Non-seulement les armées étrangères furent chassées du territoire de la république; mais la Belgique, la Savoie, Nice, le Piémont tombèrent en son pouvoir. La coalition s'étonna.

(1) Ce prince déclara la guerre à la France par une proclamation fort curieuse, datée de Tetuan, le 22 du mois de Ramadan 1207.

Le cabinet de St.-James quitta seulement alors le rôle qu'il avait joué jusques-là. Il prit à sa solde, et *la Prusse*, et *la Hesse*, et *le Hanovre*, et *Bade*, et *Wurtemberg*; il devint l'âme de la coalition.

Il fit, durant le cours de la guerre, deux entreprises principales pour rétablir les affaires des Bourbons. Veut-on en connaître le résultat? A Toulon, la moitié de la flotte française devint sa proie (1), ou fut brûlée par son ordre. A Quiberon, l'élite de la marine, les compagnons d'armes des Suffren et des d'Estaing, les héros qui naguère faisaient trembler les léopards dans les mers de l'Inde comme sur l'Océan, abandonnés à la merci de leurs ennemis, trouvèrent, presque sans combat, une mort ignominieuse.

Fils des vainqueurs de Bouvines, de Taillebourg, de Fontenoy, tels sont les titres de l'Angleterre à votre reconnaissance! Le lord Stanhope a raison de dire que vous ne sauriez les oublier sans ingratitude. Mais, poursuivons notre récit.

---

(1) Les Anglais emmenèrent treize vaisseaux de ligne. *Sidney-Smith*, que l'amiral *Hood* avait chargé de détruire ce qu'on ne pouvait pas emmener, en brûla deux de 84, un de 76, huit de 74, et neuf de moyenne grandeur!...

Les Anglais, qui avaient seuls entraîné la Hollande dans une guerre funeste, l'abandonnèrent à l'approche des troupes françaises ; ils refusèrent de traiter de la paix conjointement avec elle. La Hollande fut conquise, et conclut, le 10 mai 1795, un traité d'alliance avec la France. Pour la punir de s'être sacrifiée à leurs intérêts, les Anglais s'emparèrent de ses colonies *avant de lui déclarer la guerre.*

La Prusse, dont la vieille haîne contre l'Autriche s'était rallumée, guérie, d'ailleurs, par les victoires des Français, de la manie des conquêtes ; la Prusse refusa de sacrifier inutilement ses troupes sur la rive gauche du Rhin. Alors l'Angleterre cessa de lui payer des subsides : Guillaume III fit aussitôt sa paix avec la France. Ainsi donc son alliance avec Georges n'était autre chose qu'un marché honteux. Ce marché fut rompu dès que le Roi de Prusse devint avare du sang de ses peuples.

L'Espagne conclut aussi, la même année (1), sa paix avec la France. Ainsi, de toutes les grandes puissances, l'Autriche seule tenait encore tête à l'orage. Deux années avaient suffi

---

(1) Le 22 juillet 1795.

pour renverser ses projets ambitieux : non-seulement il fallait renoncer à envahir la Bavière, mais les Pays-Bas étaient perdus pour elle, et les Français victorieux menaçaient ses Etats héréditaires. L'Angleterre frémit de voir tous ses alliés l'abandonner à-la-fois. Des chefs moins féroces gouvernaient alors la France ; la paix pouvait mettre un terme à l'anarchie, et rendre ma patrie à la paix et au bonheur. Le cabinet de St.-James tenta alors de plus grands efforts : il répandit l'or à pleines mains, il stipendia l'Autriche, il acheta les troupes de Hesse-Darmstadt, il négocia auprès de la Russie. Mais Catherine, aussi adroite qu'ambitieuse, éluda ses promesses : elle voulait, dit-on, profiter de la guerre d'Occident pour réaliser ses projets sur la Pologne et sur la Russie.

Cependant, l'Italie entière était occupée par les Français ; Mantoue, regardé comme imprenable, était, à force de victoires, tombé en leur pouvoir ; nos armées n'étaient plus qu'à quarante lieues de Vienne, lorsque les préliminaires de *Léoben*, et, peu-après, la paix de *Campo-Formio*, vinrent suspendre le cours de nos triomphes.

Ainsi, après quatre ans et demi de guerre, la France, en proie aux dissensions les plus sanglantes, sortit victorieuse de la lutte. Les Pays-Bas, Genève et Nice, furent réunis à son Empire.

SECONDE COALITION.

L'Angleterre seule demeurait en guerre avec la France. La supériorité de sa marine ne put empêcher nos guerriers de conquérir Malte et l'Egypte, dont l'occupation pouvait porter un coup mortel aux intérêts les plus chers de la Grande-Bretagne, c'est-à-dire, à son commerce. Celle-ci n'oublia rien pour susciter à la France de nouveaux ennemis. Elle sut profiter habilement de la haîne de Paul Ier. pour les idées qui agitaient alors l'Europe, de son attachement à l'ordre de Malte, dont quelques chevaliers de son empire l'avaient nommé grand-maître, pour le précipiter dans la nouvelle croisade qu'elle méditait contre la France.

Le juste mécontentement de la Porte lui fournit les moyens de conclure avec elle un traité d'alliance pour ruiner le commerce des Français dans le Levant.

Enfin, comme l'Autriche tardait, au gré de sa haîne, à commencer les hostilités, *Nelson* eut ordre de précipiter les mouvemens de l'armée *napolitaine.* Il en coûta peu au cabinet de Saint-James, de sacrifier ainsi à ses intérêts un de ses plus anciens alliés. Et, quelque temps après, *Ferdinand* fut obligé de se retirer dans cette Sicile, où ces mêmes Anglais, qui l'avaient sacrifié, devaient long-temps l'abreuver d'humiliations et d'outrages.

Les Russes et les Autrichieus obtinrent d'abord de grands succès en Allemagne, et surtout en Italie. Qui ne connaît les désastres de Schérer; la belle retraite de Macdonald; la noble conduite de ce Moreau, qui, nouveau Catinat, servait alors sous les ordres d'un général malheureux, qui eut, comme le héros de Staffarde, la gloire de sauver l'armée qui avait placé dans ses talens sa dernière espérance? Quel est le Français dont le cœur n'a pas été ému au récit de la glorieuse journée de Novi, ou des triomphes de Zurich?...

Que faisait cependant l'Angleterre, alors que ses alliés versaient leur sang pour sa cause? Sous prétexte de délivrer la Hollande du joug français, elle engagea Paul Ier. à lui fournir des troupes. Elle s'en servit pour s'emparer, à l'aide de la ruse, de la flotte de la République. C'était là, en effet, l'unique but de l'expédition; car à peine les Français eurent rassemblé quelques troupes, que le duc d'Yorck demanda d'être échangé contre huit mille prisonniers, après avoir expié, dans les champs de *Castricum*, l'audace de se mesurer en rase campagne avec les vainqueurs de Fontenoy.

Buonaparte, après avoir abandonné l'armée d'Egypte, venait de prendre les rênes du Gouvernement français; Buonaparte demanda la paix. Tout le monde reconnaît qu'il était alors de bonne foi. L'Angleterre, enorgueillie des succès de ses alliés, dédaigna ses offres. Ce refus fit la fortune du guerrier, puisqu'il lui donna les moyens de s'élever à l'empire par des victoires. Bientôt, en effet, la bataille de *Marengo* lui livra Mélas et l'Italie, tandis que Moreau, vainqueur à *Hohenlinden*, faisait trembler l'empereur jusques dans sa capitale. Tant de revers obligèrent François II à traiter de la paix; la France en dicta les conditions.

Depuis long-temps Paul Ier. s'était retiré de la coalition; mais c'était peu. L'Angleterre, par ses perfidies, força ce prince à lui déclarer la guerre. Elle garda Malte, qu'elle avait promis de restituer à l'ordre dont il était grand-maître; et par l'exécution de son monstrueux code maritime, elle fit éprouver des pertes immenses au commerce russe. Paul, ardent autant que juste, proclama les principes de la neutralité armée, qui, en 1780, avaient couvert Catherine de gloire ; il engagea dans sa querelle la Suède et le Danemarck, qui, comme lui, avaient plus d'un affront à venger. Déjà la guerre était déclarée ; déjà le sang des braves Danois avait coulé pour la cause commune des peuples, lorsque une catastrophe donna à-la-fois à la Russie un nouveau maître et un nouveau système politique (1).

Le *cabinet de St.-James*, ne voulant pas lutter seul contre les forces réunies de la France, de l'Espagne, de la Hollande ; forcé d'ailleurs, par l'opinion du peuple anglais, se décida à conclure à *Amiens* une paix ou plutôt une trêve, car il était bien décidé d'avance à n'en pas remplir les conditions. En cédant au vœu fortement prononcé de l'Angleterre, il voulait se ménager le temps de susciter à la France de nouveaux adversaires. Nous allons voir ses efforts couronnés du succès.

TROISIÈME COALITION.

Le cabinet de St-James, loin de remplir les conditions du traité d'Amiens, se prépara à la

---

(1) Il est remarquable que dans toutes les situations critiques, le hasard sans doute soit venu au secours de l'Angleterre par un crime.

guerre. Il fit (et ce qui est horrible à dire, *suivant sa coutume*) saisir, sans déclaration préalable, les bâtimens français qui naviguaient sur la foi des traités; et comme, malgré la supériorité de sa marine, les préparatifs que Buonaparte faisait pour une descente lui inspiraient de vives terreurs, il chercha des auxiliaires sur le continent. A cette époque, *Pitt* fut, de nouveau, mis à la tête du ministère.

Ce grand homme forma le plan d'une alliance semblable à celle qui, en 1813, a sauvé sa patrie. Par son adresse, il parvint à décider la *Russie* à y prendre part; l'*Autriche*, à force d'argent, et sur la promesse d'un agrandissement, se chargea du principal rôle; la *Suède*, et le Roi de *Naples*, qui était rentré dans ses Etats, parurent en seconde ligne.

Buonaparte se porta avec une prodigieuse rapidité sur le *Danube*; il anéantit en peu de jours le corps du général *Mack*; et bientôt après, dans les champs d'*Austerlitz*, l'armée française cueillit une palme immortelle.

L'empereur d'Autriche, dont la capitale était tombée au pouvoir des Français, se vit contraint de signer la paix à Presbourg. Il accusa, en partie, de ses désastres, l'Angleterre, qui avait promis de faire, dans le nord, une puissante diversion ; l'Angleterre, qui se déshonora bientôt après, en abandonnant lâchement le Roi des Deux-Siciles, qui n'avait pris les armes que pour elle. A peine l'armée française se tourna vers Naples, que ces insulaires, qui se disent nos vainqueurs, pareils à ces pirates de la Barbarie, l'horreur et l'opprobre du genre humain, prirent la fuite sans combat, allèrent cacher leur honte dans leurs vaisseaux et méditer de nouvelles trahisons.

QUATRIÈME COALITION.

La Prusse, gagnée par l'investiture de l'électorat d'Hanovre, que Buonaparte lui avait permis d'occuper, n'avait pris aucune part à la dernière guerre. Mais, lorsque l'existence de la confédération du Rhin l'eut menacée du joug qui pesait déjà sur la moitié de l'Allemagne; lorsque l'Angleterre lui eut révélé la proposition de Buonaparte de restituer le Hanovre, il ne fut pas difficile au cabinet de St.-James de décider Frédéric Guillaume à entrer enfin dans la lice.

Mais, au lieu d'attendre les Russes, il osa, seul, défier la France. Il paya cher cette imprudence. Quelques jours après l'ouverture de la campagne, l'armée prussienne fut écrasée dans les plaines d'*Iéna*, et la monarchie presqu'entière subit la loi du vainqueur.

Iéna, nom cher à notre orgueil, témoin d'une gloire immortelle, ton souvenir vivra dans la mémoire des hommes, pour venger ma patrie des outrages de ceux qui, la veille du combat, se disaient nos alliés, et, le lendemain, surpassèrent en arrogance et en prétentions un conquérant superbe.

En vain les Russes firent avancer leurs colonnes au secours de leurs alliés, leur présence ne fit que rehausser la gloire de nos armées : et les batailles sanglantes d'*Eylau* et de *Friedland* furent aussi des triomphes.

L'empereur Alexandre fut le premier à demander la paix. La Prusse y accéda bientôt après.

L'Angleterre, dans cette occasion, fut encore coupable de l'ingratitude la plus noire. 1°. Elle avait promis de faire une diversion; quand ses troupes arrivèrent, elles ne pouvaient plus être utiles. 2°. L'Empereur de Russie, obéré par des armemens successifs, demanda que le gouvernement britannique garantît un emprunt de six millions sterlings; on le refusa d'une manière offensante. 3°. Enfin, le cabinet de St.-James n'eut pas honte de chercher à profiter de ses désastres pour lui arracher un traité de commerce ruineux pour son empire.

On trouve quelquefois, dans l'histoire, des Peuples et des Rois qui ont lâchement abandonné ceux qu'ils avaient fait serment de secourir ; mais mettre à profit leurs malheurs, abuser de l'infortune, cela ne se trouve pas chez les peuples les plus célèbres par leur mauvaise foi.

CINQUIÈME ET SIXIÈME COALITION.

La paix de Tilsit fut suivie de l'adhésion de la Russie et de presque toutes les puissances de l'Europe au système continental. L'adoption de cette mesure frappa de mort le commerce anglais. Alors, l'Angleterre quitta subitement cette léthargie apparente à laquelle elle s'était livrée ; mais ce fut pour jeter, dans le nord de l'Europe, de nouveaux brandons qui devaient rallumer et alimenter les feux de la guerre qu'elle ne désirait pas voir s'éteindre.

Tout ce qu'il y a de plus sacré parmi les hommes, la foi, la paix, la propriété, fut violé à-la-fois par le cabinet de St.-James. En vain le Gouvernement danois avait dissimulé les plus cruelles injures pour maintenir sa neutralité; quel fut le prix de sa modération? L'île de Séélande était cernée, son territoire violé, avant que la cour de Londres eût manifesté par un seul mot ses intentions hostiles. Pour enlever une flotte qui leur faisait ombrage, les Anglais ne balancèrent pas à détruire, par le bombardement, une des premières villes de l'Europe; et, pour colorer l'attentat le plus noir, le plus révoltant, les chefs des pirates n'alléguèrent d'autre raison que l'intérêt de l'Angleterre! Peuples de l'Europe, et vous Français, sur-tout, n'oubliez pas cette déclaration; n'oubliez pas que lord Castlereagh était alors à la tête du ministère, et que le lord duc de Wellington fut l'un des principaux instrumens du forfait.

Pour lutter avec de pareils ennemis, Buonaparte emprunta leurs armes, il envahit le Portugal. Les Anglais en profitèrent pour mettre en tutelle le Prince-Régent, et s'emparer d'une partie de la flotte.

L'Europe alors avait deux maîtres, Buonaparte et le Ministère anglais; mais le joug du premier, plus pesant, plus matériel, pour ainsi dire, paraissait aussi plus insupportable. Cependant sa puissance et la terreur de ses armes étaient telles, qu'il pouvait disposer des ressources du continent pour inquiéter l'Angleterre épuisée par la stagnation du commerce et des efforts continus.

Un crime fit perdre au conquérant le fruit de tant de victoires, et rendit l'espoir au cabinet de St-James. Aveuglé par sa fortune, il osa, par la plus noire perfidie, outrager un peuple qui l'appelait son libérateur : ce peuple, extrême dans ses ressentimens comme dans son amour, courut aux armes, et cria *vengeance!* Ce cri fut le signal de sa ruine.

L'Angleterre sut profiter habilement des fautes de son ennemi pour alimenter la guerre. Elle fournit à l'Espagne de puissans secours; elle suscita de nouveau l'Autriche, et plus tard la Russie. En vain nos armées firent des prodiges sur les bords du Danube, du Niémen et de la Moscowa; que pouvaient à-la-fois et le génie et la valeur? Ce n'était plus contre des Rois seulement que nous avions à lutter : leur cause était devenue la cause des Peuples. Les Espagnols venaient de donner au monde un grand exemple. Cet exemple fut imité, tour-à-tour, par les Tyroliens, les Hongrois, les Russes, les Allemands. Par cette levée en masse nos armées furent refoulées plutôt que vaincues.

Il restait à Buonaparte une ressource, eh! quelle ressource! *les Français*. L'insensé, dans son délire, déchira le pacte qui les unissait encore à lui. Indigné que nos représentans eussent osé, trop tard peut-être, élever une voix indépendante, il les chassa honteusement, et sépara ainsi sa cause de celle de la nation.

La nation, à son tour, se sépara de lui, et bientôt sa chute étonna l'univers.

On dit que, saisi d'une religieuse terreur, l'étranger s'arrêta long-temps à l'aspect de cette noble France; et lorsqu'il foula d'un pied tremblant cette terre de l'héroïsme et de la liberté, il s'étonna de n'avoir à combattre qu'une armée. Alors, il sentit qu'il était juste de nous rendre un Roi sage et notre indépendance. L'Angleterre, dans les premiers transports de sa joie, ne songea point à s'y opposer.

SEPTIÈME COALITION.

Cependant, au sein de la paix, la France reprenait rapidement les habitudes du commerce et de la liberté, élémens du bonheur social. De tous les Etats de l'Europe, elle était encore le plus riche, et notre armée était toujours la première armée du monde.

L'Angleterre s'étonna et s'effraya de notre prospérité renaissante. Elle se hâta de faire sanctionner, au congrès de Vienne, ses usurpations, et le système politique le plus favorable à ses intérêts.

Le sort du continent fixé, il était probable que les souverains se réuniraient pour obtenir d'elle la liberté des mers. Il lui importait donc de détourner le coup qui la menaçait : ce fut alors que Buonaparte, confié à sa garde, passa sous le canon des croisières anglaises pour débarquer à Cannes, troubler le bonheur de la France et la paix du monde.

Le cabinet de St.-James fut le premier en mesure ; les Prussiens se réunirent à lui, et comme la majeure partie des Français seconda leurs efforts par l'inaction ou par les armes, la France fut de nouveau envahie.

Bientôt après, le traité de Paris fixa à cinq années la durée de son occupation par les armées étrangères.

CHAPITRE II.

Situation de l'Europe. Dangers de la France.

AINSI, après vingt-deux ans d'une lutte terrible, l'Angleterre est parvenue à briser les barrières que Louis XVI et Catherine II avaient mises à ses usurpations. Tel fut l'objet unique et constant de ses efforts.

Pour rendre le monde tributaire, pour obtenir l'empire des mers et le monopole du commerce, il fallait d'abord humilier, écraser la France. Tel fut le motif véritable de sa haîne et de sa vengeance.

Pour l'assouvir, cette haîne implacable, nous l'avons vue employer, tour-à-tour, l'or, la perfidie, le crime; nous l'avons vue souffler sur notre malheureuse patrie l'agitation et la discorde, et armer en même temps l'ambition ou la frayeur des potentats, sous prétexte d'éteindre l'incendie qu'elle-même avait allumé.

Ce qu'elle a fait hier, elle peut le faire aujourd'hui. Ses intérêts sont toujours les mêmes, et son pouvoir n'a fait que s'accroître.

L'Europe entière est sous le joug de l'Angleterre. Car, si les nations ne sont indépendantes qu'alors qu'elles sont soumises seulement au droit des gens; comme le code maritime des Anglais, fondé sur des principes que les pirates du moyen âge avaient eu honte d'avouer, est contraire au droit des gens, tous les peuples que le besoin ou la force a obligé d'y souscrire ne sont point indépendans.

Mais qu'ai-je besoin d'invoquer les principes pour prouver le despotisme de l'Angleterre? Nations de l'Europe, si vous doutez encore, jetez les yeux autour de vous! Votre marine a été anéantie ou est tombée au pouvoir des Anglais; vos possessions d'outre-mer sont devenues leur proie. Maîtres des forteresses les plus importantes de tous les points du globe nécessaires au commerce et à la navigation, votre fortune est entre leurs mains; vous êtes aussi leurs tributaires, puisque des traités mettent hors de concurrence les produits de leurs manufactures et de leurs colonies. Gardez-vous donc d'insulter à notre malheur! vous êtes esclaves comme nous.

En vain, pour les consoler d'un pareil avilissement, l'Angleterre a servi les projets de quelques potentats, pour l'agrandissement de leur empire. Quelques-uns ont payé sa protection des plus grands sacrifices: témoin la Hollande, qui, pour obtenir la Belgique, a renoncé à son commerce et à ses colonies. Pour les autres, ce bienfait cache peut-être une perfidie. S'ils voulaient un jour briser leurs chaînes, pour détourner les coups qui pourraient le menacer, le cabinet de St.-James appellerait aux armes ces mêmes peuples qu'il abandonne aujourd'hui, et il faudrait alors payer son alliance par de nouveaux sacrifices.

Tel est du moins son but en rendant permanente l'occupation de la France. Il a senti que l'Europe et la France, délivrées d'un joug qui leur était également insupportable, pourraient se réconcilier, confondre leurs ressentimens, se réunir enfin pour venger des injures communes, et ravir à l'Angleterre le sceptre des mers. Alors, après la chute de celui que sa haîne a sans doute renvoyé parmi nous, son adresse a su créer des fantômes pour épouvanter les Hauts-Alliés; elle a peint un peuple désarmé, un monarque ami et pacifique, comme aspirant à la monarchie universelle. La cupidité ou l'aveuglement ont accueilli ces mensonges grossiers : et, en occupant militairement nos provinces, l'Europe, malgré la paix, est toujours en guerre avec la France. L'Angleterre espère sans doute que l'excès de l'oppression irritera l'orgueil d'une nation généreuse ; que le désespoir lui fera prendre encore les armes : alors ses vœux seraient comblés, car la guerre continentale lui garantirait la durée de son despotisme et l'enrichirait de nouveau de nos dépouilles.

Il est impossible que l'Europe soit long-temps encore l'instrument des vengeances d'une rivale implacable et jalouse. Déjà son aveuglement commence à se dissiper; déjà Alexandre, le plus clairvoyant des souverains, parce qu'il est le plus généreux et le plus puissant, instruit d'ailleurs par les perfidies du cabinet de Saint-James, a plaidé la cause de ma patrie. On annonce notre prochaine délivrance; mais on ajoute qu'un *congrès* doit se réunir pour régler enfin les intérêts de la marine et du commerce. Et voilà ce qui cause ma terreur ! jamais, non jamais l'Angleterre ne consentira à se laisser arracher le fruit de tant de crimes : au point où elle est parvenue, *elle doit régner ou périr*; et cette France, qu'elle abhorre parce qu'elle la redoute, sera peut-être de nouveau victime de son égoïsme et de sa fureur.

Si j'en croyais d'odieuses clameurs, déjà mes craintes commencent à se réaliser. On assure que des ministres de paix abusant de leur caractère, fomentent nos divisions, en prêtant, tour-à-tour, leur appui à celui des partis qui semble succomber; on répand des bruits sinistres sur deux tentatives incroyables, que la démence ou la perfidie auraient pu seules diriger contre un grand personnage; on s'étonne qu'un lord ait choisi l'instant des négociations pour accabler un Roi et une Nation opprimés, des plus grossières injures, des plus dégoûtantes calomnies; on se rappelle avec effroi que ce Buonaparte, si fatal à la France, n'a pas balancé à se remettre, *pour la seconde fois*, entre les mains du cabinet de St-James, trop sûr que celui-ci n'était pas son ennemi, mais l'ennemi de la France; qu'il n'a pas combattu pour délivrer l'Europe de son joug, mais pour lui imposer le sien.

Sans doute, je suis loin d'affirmer la vérité de ces discours, mais j'ai dû les répéter dans l'intérêt de ma patrie. Nous avons vu l'Angleterre sacrifier constamment à ses intérêts tout ce qu'il y a de plus sacré sur la terre; aujourd'hui son intérêt est de prolonger nos misères, de garder le sceptre des mers, en détournant encore sur nous les vengeances du monde. Nous avons donc tout à craindre; et, loin de nous abandonner à une sécurité funeste, nous devons chercher les moyens de sauver la France.

Tel est l'objet du chapitre suivant.

CHAPITRE III.

La Liberté seule peut sauver la France.

Les dangers qui menacent la France sont de deux sortes : par des manœuvres impies, l'Angleterre peut troubler notre tranquillité intérieure, ou armer l'Europe pour nous ravir l'indépendance.

Nous avons vu, dans la première partie, que l'exécution de la Charte était l'unique moyen d'affaiblir les ressentimens, d'éviter les troubles, de prévenir le désespoir d'un peuple malheureux. Ainsi, pour déjouer d'odieux complots, il faut exécuter la Charte, ou, en d'autres termes, nous rendre la liberté.

Nous avons aussi prouvé par le raisonnement, que la *liberté*, *source du patriotisme*, pouvait seule assurer notre indépendance. Cette proposition est justifiée par l'expérience.

Les Perses libres, c'est-à-dire, soumis à des lois justes, conquirent l'Orient, sous la conduite de Cyrus ; ces mêmes Perses, avilis par le despotisme, furent, bientôt après, repoussés, vaincus, subjugués enfin par quelques peuplades de la Grèce libre.

Qui ne connaît les sanglans démêlés de Carthage et de Rome? Rome l'emporta, parce qu'elle combattait seulement pour la gloire et la liberté; Carthage fut vaincue, parce que la soif de l'or faisait tout son patriotisme. Ses alliés, ses richesses, ses mille vaisseaux, ne purent la sauver de sa ruine. Périssent, comme elle, tous les peuples qui font de la guerre un calcul, et de la liberté un instrument de servitude!

Mais qu'ai-je besoin d'aller chercher des exemples hors de ma patrie? Il y a plus de preuves de cette vérité, dans les dernières pages de notre histoire, que dans tous les récits de l'antiquité. Non, jamais la terre n'offrit un spectacle aussi grand que la France guerrière de 92. En vain des bourreaux essayaient, à force de crimes, de rendre la liberté odieuse à la nation; à sa voix, que ne pouvaient étouffer les gémissemens et les blasphêmes, l'Europe vit avec étonnement un peuple tout entier se précipiter à ses frontières; combattre seul, sans officiers, presque sans armes; triompher à force d'héroïsme et d'enthousiasme; et faire trembler sur leur trône ces potentats qui, dans un espoir criminel et insensé, s'étaient déjà partagé ses dépouilles.

Ce qu'ils firent en 92, les Français peuvent le faire encore. Ministres du Roi, remplissez la volonté toute entière de votre maître ; exécutez cette Charte, son immortel ouvrage; donnez-nous enfin la liberté; et, demain, le Roi de France sera, comme ses aïeux, l'arbitre de l'Europe. Pourriez-vous balancer encore? Voyez la Patrie en deuil élever vers vous ses mains suppliantes: le front chargé de lauriers que le malheur n'a pu flétrir, ses yeux humides de larmes s'animent d'une noble espérance ; elle a dit : Liberté !..... Indépendance !.... Ministres du Roi, recueillez ces paroles sacrées, et hâtez-vous d'exaucer le vœu de la Patrie.

FIN.

Imprimerie de P. GUEFFIER, rue Guénégaud, n° 31.

www.ingramcontent.com/pod-product-compliance
Ingram Content Group UK Ltd.
Pitfield, Milton Keynes, MK11 3LW, UK
UKHW021057270726
13967UKWH00012B/1976

9 782012 970892